La petite princesse
en album aux
Éditions Gallimard Jeunesse

Je veux grandir !
Je veux manger !
Je veux une petite sœur !
Je ne veux pas aller à l'hôpital !
Je veux ma tétine !
Lave-toi les mains !
Je veux ma dent !
Je ne veux pas aller au lit !

En album tout carton pour les petits

Je veux grandir !
Je veux manger !
Je veux une petite sœur !

En Folio Benjamin

Je veux mon p'tipot !
Je veux grandir !
Je veux manger !
Je veux une petite sœur !
Je ne veux pas aller à l'hôpital !

Traduit de l'anglais par Anne de Bouchony

ISBN : 2-07-055779-0
Titre original : *I Want My Mum !*
Publié par Andersen Press Ltd., Londres

Numéro d'édition : 127146
Loi n° 49-956 du 16 juillet 1949
sur les publications destinées à la jeunesse
Dépôt légal : avril 2004
Imprimé en Italie par Grafiche AZ

Je veux ma maman !

Tony Ross

GALLIMARD JEUNESSE

Il pleuvait et la petite princesse s'occupait
en peignant, quand quelque chose de terrible arriva…

Elle renversa son pot d'eau sur la plus belle peinture qu'elle ait jamais réalisée.

– Ce n’est rien, dit la gouvernante, tout va bien !
Et elle épongea les dégâts.
– JE VEUX MA MAMAN ! hurla la petite princesse.

Maman ramassa l'image détrempée.
– C'est magnifique ! dit-elle. Une journée pluvieuse.
La petite princesse sourit.

Quand la pluie s'arrêta, elle sortit jouer sur la bascule,
quand quelque chose de terrible arriva…
Elle se cogna le genou.

– Voyons, voyons, dit le docteur, ça va, maintenant.
Et elle appliqua un produit malodorant.
– JE VEUX MA MAMAN ! pleura la petite princesse.

Et maman déposa un baiser réparateur
sur le genou malodorant.
La petite princesse sourit.

Ce soir-là, la petite princesse n'arrivait pas à dormir
à cause du monstre installé sous son lit.

– Il n'y a pas de monstre sous ton lit, dit papa.
Regarde toi-même !
Mais la petite princesse n'osa pas.
– JE VEUX MA MAMAN ! cria-t-elle.

– Je vais vous lire des histoires, à toi et au monstre, dit maman.
La petite princesse sourit. Et s’endormit.

– Je déteste les œufs ! dit la petite princesse.
– Mange ! dit le cuisinier. C'est extrêmement bon pour toi.
– JE VEUX MA MAMAN ! brailla la petite princesse.

– Oh, CHIC ! dit maman. Des œufs de dinosaure.
Ceux que j'adore.
La petite princesse sourit.
– Hé ! mets-en quelques-uns de côté pour moi, dit-elle.

La petite princesse avait joué seule toute la matinée.
La gouvernante arriva soudain avec un jeu de société.
– JE VEUX MA MAMAN ! s'écria la petite princesse.

L'amiral surgit pour jouer aux bateaux.
– JE VEUX MA MAMAN ! mugit la petite princesse.

Le jeune prince apparut pour ne jouer à rien du tout.
Et pour arrêter le vacarme.
– JE VEUX MA MAMAN ! hurla d'une voix perçante
la petite princesse.

Finalement, maman arriva, avec des nouvelles palpitantes :
– La petite duchesse t'invite à dormir ce soir,
avec au programme : chips et vidéo.

La petite princesse prépara sa valise et commença à pleurer.
– QU'Y A-T-IL ? demanda maman.

– JE NE VEUX PAS Y ALLER ! sanglotait la petite princesse. JE VEUX RESTER ICI AVEC NOUNOURS ET TOI !
– Mais nounours et moi venons avec toi, dit maman.

Au château de la petite duchesse, la vidéo fut projetée et maman sortit sur la pointe des pieds.
– JE VEUX MA M… commença la petite princesse…

Mais la vidéo était terriblement amusante
et les chips, terriblement bonnes.

La petite princesse sourit.

De retour au palais, la reine racontait au roi :
– Elle passe un moment merveilleux.
Et, à ce moment-là…

– JE VEUX MA PETITE PRINCESSE !